I0841217

Jules Janin

Les Eaux de Spa

Histoire

Le code de la propriété intellectuelle du 1er juillet 1992 interdit en effet expressément la photocopie à usage collectif sans autorisation des ayants droit. Or, cette pratique s'est généralisée dans les établissements d'enseignement supérieur, provoquant une baisse brutale des achats de livres et de revues, au point que la possibilité même pour les auteurs de créer des œuvres nouvelles et de les faire éditer correctement est aujourd'hui menacée. En application de la loi du 11 mars 1957, il est interdit de reproduire intégralement ou partiellement le présent ouvrage, sur quelque support que ce soir, sans autorisation de l'Éditeur ou du Centre Français d'Exploitation du Droit de Copie , 20, rue Grands Augustins, 75006 Paris.

ISBN : 978-1726490436

10 9 8 7 6 5 4 3 2 1

Jules Janin

Les Eaux
de Spa

Histoire

Table de Matières

Les Eaux de Spa

Il faut avoir vécu pendant ces dix-huit mois dans notre fournaise, il faut avoir entendu hurler sous ses fenêtres *la Guillotine, l'Accusateur public, la Canaille*, toutes les feuilles politiques du carrefour ; il faut avoir assisté à tous les crimes, à toutes les lâchetés de ces journées abominables, quand nous obéissions à des fantômes sans vertu, sans talent et sans nom, pour bien comprendre la grâce, le repos, le contentement, le charme de l'homme qui sort enfin de cet enfer, et qui se trouve tout d'un coup transporté, par la baguette des fées, dans la douce vallée de Spa, entre ces montagnes chargées d'ombrages, sur le bord de ces fontaines salutaires, dans ces vallées de la méditation et du silence ! Dans un temps paisible, quand l'ordre est partout et partout la paix florissante, ce n'est rien, un voyage de quelques heures, un repos de quelques jours dans un pli des Ardennes moitié belges et moitié françaises ; mais en pleine tempête, en pleine émeute, à l'heure de l'incendie universel, se sentir à ce doux abri, se promener dans cette oisiveté poétique, n'entendre autour de soi que des musiques et des chansons, ne rencontrer chemin faisant que des processions et des fêtes, c'est beaucoup, c'est mieux que beaucoup : c'est tout simplement un grand miracle, et qui vaut la peine d'être raconté.

Le chemin du Nord est, comme on sait, une des créations les plus magnifiques de la révolution de juillet. Il n'y a pas si longtemps déjà que cette œuvre immense, accomplie en si peu d'années, fut inaugurée par ces jeunes gens de race royale qu'on appelait les princes de la jeunesse. Je les vois encore arrivant à Lille au bruit du canon, au son des cloches, au milieu de l'enthousiasme populaire. Le brillant capitaine qui leur faisait en ce moment les honneurs de la ville militaire, c'était le lieutenant-général Négrier, assassiné sur les barricades de juin, où il est mort de la mort du saint archevêque. Beau et brave général ! il prenait si bien sa bonne part de ces fêtes pacifiques ! Il suivit avec tant de joie et d'ardeur ces jeunes gens qu'il avait appris à connaître sur le champ de bataille ! Il les suivit jusqu'à Bruxelles, entre ces deux peuples qui remplissaient ces deux prairies. Les saluts, les vivats, les fêtes, le bal au milieu de la gare du chemin de fer étonnée de servir à de pareils amusements, — c'est un rêve, tout cela, un rêve évanoui on ne sait où, car à peine la salle du bal était rendue à sa destination ; le dernier lustre du dernier festin fumait encore, que, sur ce même sentier de triomphe et de plaisir, la veuve du prince royal et l'enfant héritier d'une si grande monarchie prenaient en tremblant le chemin de l'exil.

Nous voilà donc à Bruxelles. On y reste tout le soir : la vie est facile, la ville est hospitalière. Certes, et depuis bien des années, la ville de Bruxelles n'était guère contente des hôtes que lui envoyait la France : un tas d'hommes flétris par la banqueroute ou perdus par l'usure, des écrivains sans nom, des femmes sans mœurs, ce qu'il y a de plus vil et de plus abominable dans la presse des calomnies, des repris de justice de l'injure publique et privée. Tristes hôtes en effet, d'autant plus qu'à peine arrivés, le premier soin de ces nouveaux venus était de recommencer le cours de leurs fredaines ! — La révolution de février aura du moins envoyé à la Belgique des hôtes dont elle pouvait être fière ; aussi ces exilés d'un nouveau genre ont-ils vu s'ouvrir devant eux toutes les portes. Vaincus, ils étaient entrés entourés d'estime et de sympathies. Plus la chute avait été terrible, et plus l'homme tombé était digne d'intérêt et de pitié. À la fin donc, Paris envoyait à la Belgique des âmes honnêtes, des esprits distingués, les proscrits de sa politique et non pas les vagabonds de sa police correctionnelle. Cette nouveauté a raccommodé la Belgique avec la France. C'est toujours un spectacle rempli d'enseignements salutaires, le spectacle des hommes tombés de très haut, soit que le génie leur ait manqué, soit que la fortune les ait trahis, et les nations qui se respectent, contemplant les héros de ces grandes infortunes, comprennent bien vite le respect qui leur est dû. Bruxelles n'a pas manqué à cette loi d'attraction ; elle a accueilli à merveille les hommes d'une monarchie qui avait duré déjà si longtemps, qui avait été fondée avec tant de bonheur, maintenue avec tant de prudence, et qui avait pour défenseurs naturels un chef si sage et si habile, tant de jeunes gens, enfants du sceptre et de l'épée.

À cet héritage de nos ruines de chaque jour, Bruxelles a déjà s'ajouter bien des ruines. Depuis les premiers jours de cette fatale année 1848, le chemin du Nord n'est guère occupé qu'à transporter au plus bas prix possible, dans ses wagons les plus obscurs, quelque puissance tombée le matin même. L'Océan, ce grand chemin de l'exil des rois, célébré par Bossuet, est détrôné par le chemin du Nord. M. de Rothschild, sans le vouloir, est devenu le Neptune de ces naufrages de chaque matin. Soyez donc toujours ouverte à toute heure de la nuit et du jour, ô frontière, ô refuge des partis qui s'égorgent et qui tombent dans l'arène sanglante, car jusqu'à présent vous avez vu arriver chaque jour une folie, un paradoxe, un crime, une trahison, une émeute ! Et dans quels appareils ? justes dieux ! , sous quels déguisements ? Tant de pâleur sur les visages, tant de colère dans les regards ! Salmonée insultant la foudre qui l'a précipité dans l'abîme ! — Donc élevez Pelion sur Ossa ; dressez-vous à vous-mêmes des temples et des autels ; envahissez le palais des rois pour abriter votre grandeur éphémère ; traînez dans les sanctuaires le flot impétueux de vos disciples ; remplissez les âmes ignorantes de l'enivrement et de la fièvre de vos paradoxes ; proclamez-vous des dieux provisoires, en dissimulant sous ce mot *provisoire* le sentiment de votre éternité et de votre importance ; flatteurs imprudents des multitudes, sacrifiez à la popularité, ce veau d'or et de fange, la fortune ; le génie et les libertés de la patrie en deuil ; enflez votre joue pleine de vent et vos cœurs pleins de rien ; proclamez-vous les instituteurs, les orateurs et les grands-prêtres de l'humanité européenne ; appelez à vos révoltes tant de peuples fidèles, soudain pervertis par vos exemples ; détruisez et renversez, brisez les lois, effacez les mœurs, abolissez les consciences ; insultez les magistratures ; soyez pervers tout à votre aise, pour qu'un jour arrive, que dis-je un jour ? une heure, où vous n'aurez pas assez de vent, assez de souffle, pour vous précipiter à cette frontière de *Risquons-Tout* digne théâtre, digne limite de vos exploits !

Autant la Belgique a été hospitalière pour les ministres du roi Louis-Philippe, autant elle a été sévère et rude aux coopérateurs de la révolution de février. Elle ouvrait ces barrières à ces hommes fugitifs, elle les regardait passer, et elle se disait avec un étonnement facile à croire : Voilà donc ces héros ! voilà donc ces tempêtes ! Ainsi sont faites ces créatures sorties de l'abîme, qui retournent dans l'abîme ! *Quibus cum nulla societas* ! — C'était une curiosité mêlée d'effroi et de malaise, qui ne ressemblait en rien à l'intérêt que soulèvent dans les âmes amies de l'ordre les spectacles vraiment grands de la fortune. – Passez, messieurs, disait la Belgique aux révolutionnaires déconfits, et elle les accompagnait jusqu'au navire, toujours prêt à partir, qui devait transporter ces paradoxes dans la paisible Angleterre. Il faut, en effet, un toit solide pour abriter ces tempêtes ; une nation forte pour recevoir sans danger des hôtes de ce calibre, un gouvernement sûr de lui-même pour ne pas s'inquiéter de ces langues de feu qui produisent sur les esprits médiocres le même effet que des lampes ardentes jetées sur des gerbes de blé.

Un autre résultat de tant de révolutions qui courent le monde, au hasard, semblables à ces jeunes personnes de moyenne vertu qui se mettent en voyage sans trop savoir comment suffire aux frais de la route (comme si la Providence avait charge d'Ames sur les révolutions et les demoiselles errantes !), c'est que non-seulement la Belgique est devenue un lieu de passage pour nos Brutus et nos Catons de contrebande, mais encore autour de ce petit royaume si réservé et si sage tous les sentiers sont fermés, qui conduisaient naguère dans toutes les contrées heureuses de l'Allemagne pacifique. Qu'a-t-on fait de ces enchantements de l'été ? Le Rhin *allemand*, disait la chanson, qui roulait dans son flot paisible et grondeur tant de légendes et tant de ballades, le vieux *père Rhin*, ami du vin et de la joie autour des tables servies que le fort emporte avec les convives et les chanteurs, est devenu aujourd'hui (c'est la loi de la guerre) le fleuve des émeutes, des batailles, des révolutions, des contre-révolutions ! — Ce chemin, qui marchait d'un pas leste et solennel à travers les précipices verts et les ruines augustes, se traîne aujourd'hui au milieu des peuples qui hurlent, des nations qui pleurent, des royautés qui gémissent entre ses deux rives tremblantes et désolées ! L'Allemagne a perdu son printemps, le fleuve allemand a perdu son été, tout comme la Suisses en tumulte a perdu sa moisson opulente, c'est-à-dire le voyageur qui paie et que couvre d'or les glaces et les neiges, aujourd'hui stériles. Pauvres nations ! elles étaient faites tout exprès pour la fantaisie de l'artiste, pour la rêverie du poète, pour le pèlerinage de l'amoureux, pour les joies et pour les passions de la jeunesse. Hélas ! pas un regard humain ne les saurait reconnaître, ces frais passages dévastés par la guerre ! La peur a tout flétri ! La peur (la peur avec l'envie) est devenue l'ame de leur position trop éclatante ; les fortunes les plus humbles comprennent qu'elles ont encore quelque chose à perdre.

Pas de maison si pauvre qui ne ferme sa porte avec soin, car, à tout prendre, l'émeute peut passer dans ce village elle peut dévaster cette humble maison ! Plus de sécurité pour personne, plus de faciles sommeils ! Entendez-vous le canon ? entendez-vous le tambour ? entendez-vous, chose plus horrible ! le Mirabeau déguenillé du socialisme, debout sur la borne du chemin, qui déclame en son patois les plus furieux et les plus dangereux paradoxes empreints de fiel, de venin et d'ignorance ? Ces visions, ces voix, ces rencontres, ces orgies de la politique, ce vagabondage de la *grande formule*, comme disait M. Proudhon, eh bien ! on les rencontre en ce moment dans les lieux les plus cachés de l'univers civilisé. Dispute immense, clameurs à ne pas entendre tonner Dieu luimême ! La *grande formule* se rencontre partout en ce moment cruel de l'histoire contemporaine. La grande formule se promène, la houlette à la main, dans les prairies brûlées du soleil ; c'est elle que vous voyez là-bas, à l'angle du chemin, sous le bouchon du cabaret, déclamamant, furieuse, ses plus magnifiques promesses. Sur l'impériale de la diligence qui passe, sur le pont du navire à vapeur, la grande formule s'abandonne à ses rêves dorés ! Où fuir et comment l'éviter ? *Post equitem sedet atra cura.*

À force de précautions et par les moyens les plus ingénieux, quelques hommes sages parviennent, de temps à autre, à conjurer cet ennui, ce péril ; on va, on vient, on fait mille détours, on recherche les vallons les plus solitaires, les déserts les plus sauvages ; disons plus, et dût-on en sourire, on demande tout bas à ses amis quelque bel endroit favorisé d'un despote féroce qui regarde comme un attentat personnel le moindre cri de révolte contre les choses établies. Vains efforts ! vaine espérance du despotisme innocent ! remparts qui s'en vont croulant chaque jour ! — On avait il n'y a pas encore si longtemps, conservé avec un soin pieux de bons endroits bien calmes et bien défendus contre toutes les formules, grandes et petites ; vous aviez, par exemple, dans l'Italie esclave, le duc de Modène, homme à part, homme unique, original du premier ordre, qui n'avait pas voulu reconnaître la révolution de juillet, et qui, par Dieu, ne l'a pas reconnue ! En fait de formule, il n'y avait pas d'autre formule que cette belle formule à Modène : *Taisez-vous* ! Heureuse patrie du silence absolu ! on en riait autrefois ; nous la pleurons aujourd'hui. Vous aviez aussi Venise et Milan ;

on ne parlait guère à Venise que de musique et de chansons, on ne parlait pas du tout à Milan. Florence même, la libérale et heureuse Florence, si prospère sous le meilleur des princes, était naturellement très disposée à ne pas se perdre en conjectures sur l'avenir de l'humanité ; elle se laissait vivre, et c'était déjà un grand travail. Le duché de Lucques, aussi bien que Parme et Plaisance, les domaines de Marie-Louise, élevée un instant à l'école politique de l'empereur, et fidèle du moins en ceci aux enseignements de ce terrible mari, n'étaient pas sans quelques entraves gracieuses et pacifiques, contre lesquelles on poussait des hurlements plaintifs, tant nous étions injustes et ingrats les uns et les autres pour ces charmants petits coins de terre dont le nom seul à prononcer est une joie. La république de Saint-Marin elle-même en sa qualité de république, et tout le Piémont, qui depuis… et Rome, si peu faite pour changer de croyance, Rome ; la tête même de l'Évangile éternel offraient de toutes parts un asile, un ombrage, une source, une retraite, un paysage. En ce temps-là, le Mont-Blanc même était réactionnaire, et dans toute la vallée de Chamouny vous n'eussiez pas rencontré une seule fois le nom de M. Proudhon. Ah ! bien oui, M. Proudhon ! Ce grand peuple d'aubergistes et de servantes d'auberge se serait voilé la face d'épouvante et de désespoir. M. Proudhon ! tout le lac de Genève se fût glace à ce nom-là !

Dans ce désastre et dans cette ruine de la paix universelle, en plein juillet il faut surtout regretter l'hospitalité allemande. Si nous jetons les yeux sur la très petite carte du *grand-duché de Bade*, quelle suite incroyable de paysages, de souvenirs, d'histoires, de noms populaires, et d'autant plus qu'ils sont d'une prononciation difficile ! Il n'y a pas si longtemps, le savez-vous ? que chacun de ces beaux lieux, chers à l'oisiveté, recélait sous ses ombrages la foule heureuse des malades bien portants, enfants gâtés de la gaieté et de la fortune, qui font de la musique et du bal un véritable remède à tous les maux qui les affligent. Dans cette enceinte de jardins, de montagnes et de ruisseaux jaseurs, s'élevait, élégante de tout l'artifice des beaux-arts et parée en même temps de ses beautés naturelles, Bade, la reine des eaux. Bade était alors le vrai domaine de l'imagination et de la fantaisie ; elle appartenait à cette longue série de petits bonheurs que les Romains, nos maîtres en toutes choses, s'étaient plu à semer dans cet univers qui était leur conquête. Jamais une ville de plaisirs ne s'était rencontrée dans une position plus favorable : un parc immense, de fraîches avenues séculaires, une montagne éclatante de tous les feux du calme soleil, digne miroir des paysages d'alentour, — de ruines autant qu'il en faut pour décorer une noble région, de blanches maisons à peine suffisantes pour contenir leurs hôtes d'un jour ; — des prairies, des murmures, des légendes, des pèlerinages, des chevauchées, le luxe de Londres mêlé aux élégances de Paris, voilà Bade - C'était tout un enchantement, ce petit royaume champêtre sous le regard bienveillant de son prince légitime. À ces fêtes de chaque jour il fallait ajouter la grande fête de la belle saison dans toute l'Europe, la seule joie en ce monde qui soit toujours nouvelle, l'émotion renaissante sans cesse et sans cesse renouvelée, — le jeu, puisqu'il faut l'appeler par son nom, et encore le seul jeu qui suffise aux passions du joueur, le jeu de hasard.

O Mentor, je vous vois d'ici qui vous voilez le visage. Comment ! dites-vous, voici un homme qui proclame le jeu comme un plaisir digne d'être avoué, et qui le met de plain pied avec les aspects les plus adorables de l'Allemagne : le château d'Ebersten, la vallée de la Mourgue, le lac des Fées, les jardins de la *Favorite*, et les délicieuses terreurs de la *Foret Noire* ! Comment ! voilà un homme qui ne se contente ni du lac de Constance, ni de la *vallée d'Enfer*, ni des eaux salutaires de Kinxingen ; il lui faut absolument l'âcre plaisir de la roulette et du *trente et quarante* ! O temps, ô mœurs ! et dans quel siècle vivons-nous !

Bon ! si nous voulions suivre messieurs les déclamateurs dans le labyrinthe épais de leurs déclamations, autant vaudrait compter l'argent perdu cette année sur les bords du Rhin, en Suisse, en Wurtemberg, sur toutes les grandes routes, dans tous les sentiers oubliés par les touristes. Le jeu est un grand crime, qui en doute ? mais une passion irrésistible, qui le nie ? Cette puissance mal définie, cette inhabile vulgaire, poltronne et niaise autocratie qu'on appelle le *parlement de Francfort*, a proscrit et défendu les jeux dans toute l'Allemagne, et l'Europe a crié : Vive le parlement de Francfort ! Voyez cependant ce qui est arrivé : aussitôt que le jeu a été proscrit de ces rivages, soudain la disette s'est montrée dans les endroits les mieux habités, le silence et la ruine ont remplacé le bruit et la fortune ; les maisons à peine bâties sont tombées faute de soutien, les routes à peine achevées se sont brisées faute de voyageurs. Le *hasard*, cette providence de vingt-quatre heures, s'est enfui de ces villages qui n'avaient pas d'autre pêche et d'autre moisson que l'argent que leur jette en passant le joueur favorisé de la fortune. C'est bien vite déclamé : *A bas le jeu* ! mais par quelle émotion remplacer ce besoin d'excitation qui s'empare de temps à autre des âmes les mieux faites et des esprits les plus calmes ? Au reste, les faits parlent plus haut que le jeu même. Ces eaux merveilleuses, ces bains de la Jouvence moderne, ces pétillantes boissons qui portent dans les veines épuisées un nouveau sang, et dans les cerveaux fatigués des idées toutes nouvelles ; ce flot miraculeux, frais comme la glace en été, tiède comme le bain en hiver, ces toutes puissantes panacées que la nature elle-même a distillées dans les réduits les plus secrets des montagnes, — tant que le jeu a régné sur ces bords consacrés au dieu de la médecine, — on ne compte ni les malades accourus à cette source vive, ni les malades sauvés, ni les morts ressuscités, ni les maladies vaincues. La peste même a reculé devant un verre d'eau puisé à la source de Wiesbaden ! Le lépreux de la vallée d'Aoste eût recouvré la fraîcheur et le coloris de la santé dans une baignoire d'Aix-la-Chapelle ! Tout va bien, tout est guéri, tant que le jeu gouverne les retraites sanitaires. Faites que le jeu soit chassé de ces temples de la déesse Hygie ; aussitôt les buveurs s'éloignent, les baigneurs disparaissent, la nymphe de l'eau abandonnée à ses propres charmes rappelle en vain les amoureux de son austère vertu ; rien n'y fait. Vous-même, ô Charlemagne, vous reviendriez dans votre ville d'Aix-la-Chapelle ; le premier cri de vos sujets intéressés serait : *Rendez-nous les jeux que nous ont ôtés les magnifiques députés du sénat de Francfort, ô magnanime empereur* !

Ainsi la politique d'une part, et d'autre part les jeux de hasard tout d'un coup supprimés ont également contribué à dépeupler l'Allemagne des cités oisives et des eaux florissantes. La sage Belgique, au contraire, a maintenu le petit jeu de la ville de Spa. En vain le gouvernement de sa majesté le roi de Prusse a réclamé contre cette humble roulette établie aux portes mêmes de la Prusse ; le gouvernement de sa majesté le roi des Belges a répondu qu'en effet le jeu établi à Spa était maintenu comme une condition de prospérité et comme une condition indispensable. C'est une chose très curieuse aujourd'hui, dans ce débordement de clameurs et de philosophies toutes faites, que de voir la Belgique résister au bonheur de faire de la déclamation et de la vertu à son tour.

La Belgique a bien fait : la morale peut gronder, mais la politique est contente ; le jeu, c'est la fortune de Spa. Depuis les grandes journées de Pierre-le-Grand visitant ces montagnes et mêlant à l'eau du Pouhon des tonneaux de rhum enflammé, depuis l'élégant et interminable congrès d'Aix-la-Chapelle, le jeu est resté la fortune de Spa. Un peuple pauvre, nombreux, condamné à une médiocre culture, ne saurait vivre de belles phrases bien sonores et de beaux discours bien philanthropiques. Que le Russe ou l'Anglais attiré dans ces montagnes par la passion des joueurs y laisse une faible partie de sa réserve de voyage, le villageois de Spa ne s'en inquiète guère ; il sait seulement qu'en trois ou quatre mois de la belle saison il doit gagner sa dépense de toute l'année ; il se dit que sa maison sera habitée par un voyageur, que ses fruits et ses herbages se vendront aussi cher que s'ils étaient de la meilleure qualité ; il veut avant tout louer son jardin, son âne, son petit cheval montagnard au pied sûr et léger. Tentez donc de lui démontrer qu'il faut chasser les joueurs de son village, et que désormais ce beau village doit se contenter des enfants rachitiques et des femmes vaporeuses, qu'enfin en bonne morale c'est un crime de toucher à ce facile argent que vous donne et que vous ôte d'un coup de sa roue violente le va-et-vient de la fortune : le villageois de Spa, de Coo, de Remouchamp, de tant de roches environnantes, ouvrira de grands yeux à votre beau discours. Allez plus loin : passez des discours aux effets, essayez de renverser une des trois maisons splendides que le jeu s'est élevées à lui-même entre ces roches stériles, et soudain la Belgique saura enfin ce que c'est qu'une émeute ! Donc qu'arriverait-il si quelque jour Spa voyait venir quelque constituante de pacotille, quelque assemblée nationale de hasard qui tiendrait séances sous la rotonde fleurie de la Redoute ou dans le parc du jardin Levoz ?

Pareil accident est pourtant arrivé cette année à la ville de Bade. Ce qu'on y appelle le *Palais de conversation* est bel et bien un Palais véritable. L'édifice est soutenu par une vaste colonnade, et ressemble en beau à notre chambre des députés. Une immense terrasse, de longues ailées latérales, ajoutent à la magnificence de ce monument où se sont abrités un instant chaque année les plus grands noms et les plus beaux visages de l'Europe moderne. En ce lieu, aujourd'hui ouvert à tous les vents du nord, se pressaient la renommée et la gloire, la beauté et l'argent, la poésie et le plaisir des quatre parties du monde. Ces salons décorés par les maîtres parisiens rappelaient la grandeur et l'éclat des salons même des Tuileries ; on eût dit une joûte à armes courtoises entre la France et la Russie, l'Italie et l'Allemagne, la Prusse et l'Angleterre, l'Espagne et les États-Unis, à qui remporterait la palme de l'esprit, de l'élégance, de la richesse. Le son de l'or et les symphonies de l'orchestre se mêlaient au plaisir de la danse dans une harmonie incroyable et dans un cercle sans fin. Ce palais, bâti à grands frais par un homme intelligent et hardi, qui avait placé sur cette carte toute sa fortune, a été envahi en effet par une de ces représentations nationales de 1848-49, qui, semblables à des torrents déchaînés, renversent tout ce qui se rencontre sur leur passage. Les portes du *Palais de conversation* ont été forcées par ces législateurs de l'émeute ; ce riche salon, rempli de camélias et de roses, a servi de salle des pas perdus à d'énormes députés fort peu rassurés sur la validité de leurs mandats ; cette galerie où resplendissaient les diamants et les perles, où s'agitait en cadence l'éventail jaseur, où retentissait la causerie amoureuse et pleine des séductions les plus charmantes, ô misère ! elle a retenti soudain des hurlements politiques dont la France elle-même ne voulait plus ! Sur ces beaux fauteuils de velours et d'or où venaient s'asseoir les princes et les reines *la grande formule* s'est montrée, et dans un infernal patois allemand, sous les fétides exhalaisons de la bière et du tabac, elle s'est abandonnée, la malheureuse, à toutes ses convoitises inutiles. Heureusement que le créateur et le maître de ce Versailles allemand était mort, et qu'il n'a pas assisté à ces profanations de sa banque ! Heureusement que ces messieurs les législateurs du grand-duché ont fini par vider les lieux, pendant que les politiques les plus habiles et les moins honnêtes s'écriaient : *Sauvons la caisse* ! Le mot d'ordre de Bilboquet, la fleur des saltimbanques, est devenu le mot d'ordre de plusieurs grands hommes ; maître Bilboquet a fait des petits qui ont singulièrement agrandi le domaine de leur illustre père.

Voilà comment et pourquoi, sans avoir jamais aspiré à tant d'honneur, l'humble ville de Spa a hérité des magnificences, des jeux, des fêtes, des oisivetés, des belles grâces de l'Italie et de l'Allemagne. En vain chaque bourgeois de ce beau monde a été frustré dans sa petite fortune, en vain les 45 centimes imposés par le gouvernement provisoire ont fait tache et se sont étendus sur toutes les ressources privées, comme fait la goutte d'huile sur une belle étoffe ; il s'est encore rencontré bon gré mal gré, un nombre considérable de ces hommes heureux qui ont le droit de ne rien faire, de ne s'inquiéter de rien, de ne rien craindre, et de ne songer à rien dans ce petit cercle de mouvements très restreints qu'ils se sont tracés à eux-mêmes. C'est une belle race, la race oisive, qui disparaît chaque jour, et qui finira par tenir sa place parmi les animaux antédiluviens dont M. Cuvier avait retrouvé le nom après tant de longues et difficiles conjectures. L'oisiveté, la fortune des dieux ; l'admirable rien à faire, le partage de quelques enfants des hommes ! On comprend donc à la rigueur que de tous les coins de cette Europe en révolution, et malgré la dureté de ces temps difficiles, se soient rencontrés assez de fainéants (le beau mot !) pour peupler la ville de Spa et sa triomphante vallée. — En quelques heures, le chemin de fer vous y mène. Parti ce matin, de grand matin, vous pouvez être arrivé ce soir. Au pied même de la montagne, la vapeur vous dépose, et en moins de deux heures, dans une voiture rapide, vous franchissez, en montant toujours, ces crêtes obéissantes entourées de verdure. Au bout de cette allée de vieux arbres, entre ces collines pittoresques, voici la ville, et tout de suite elle vous sourit, elle vous invite. Entrez, chaque maison vous est ouverte ; ces portes hospitalières ne se ferment guère que l'hiver, quand les hôtes sont partis. Si par malheur les maisons sont remplies, attendez ; on va vous bâtir une villa à l'instant même, un véritable nid rustique, rempli d'air et de soleil. Ce n'est rien à faire, une de ces jolies niches toutes blanches qui sont autant de chefs-d'œuvre de l'activité belge et de la propreté flamande. — A peine installés, vous voilà en plein bien-être, en pleine vie athénienne moins la tribune, Dieu merci ; pour orateur vous avez sous son dôme léger, M. Massard et son orchestre nombreux faisant retentir les monts et la plaine, — un petit bout de plaine à vrai dire, — des symphonies les plus nouvelles. Le concert est partout, à toute heure, tantôt au sommet de ces montagnes disposées pour la promenade, ou bien dans la vallée profonde, et le plus souvent au beau milieu de l'allée de *sept heures*. L'allée de *sept heures*, c'est la grande récréation de Spa l'oisive ; les dames y viennent en grande et fraîche toilette. Tant de robes blanches et tant de robes de soie, tant de mantelets et tant de chapeaux neufs, tant de dentelles achetées à Malines et de fleurs achetées à Paris ! les enfants même sont aussi parés que leurs mères. Je vous dis ces choses futiles, parce que le spectacle de ces élégances est devenu une curiosité et un événement pour le Parisien ; le Parisien n'est plus habitué à ces loisirs. Heureusement que sur l'allée de *sept heures* les hommes ne sont pas tenus d'être habillés comme des seigneurs. On fait ce qu'on peut avec ses habits de 1847, et puis on se pare de sa femme, de sa mère, de sa sœur, de son enfant, parure économique et charmante. On connaît en vingt-quatre heures les uns les autres, comme si l'on n'avait fait que cela toute sa vie ; on sait le nom, la vie et la fortune, les alliances, le *comment* et le *pourquoi* de chaque voyageur. Jamais je n'aurais imaginé que tant et tant de *mystères*, pour parler le jargon des vieux romans humanitaires, pussent être dévoilés, non-seulement dans l'allée de *sept heures*, mais du faubourg Saint-Germain au faubourg Saint-Honoré. Cette revue des petits ridicules et des grandes aventures de chaque oiseau de passage, quel qu'il soit, colibri ou vautour, aigle ou colombe, laisse de bien loin, pour la variété du récit et l'originalité des découvertes, les ironies cachées dans la grande allée des Tuileries - un dimanche, quand les bourgeoises venaient glaner les médisances semées à pleines mains par les belles dames du beau monde. Ce plaisir de la causerie universelle se prolonge pendant deux heures le matin après le déjeuner, et deux heures encore après le dîner ; un baigneur bien élevé ne manque guère plus à la promenade de sept heures qu'un Florentin de bonne maison à la promenade des Cascines. — C'est le vrai *chez soi* de tous et de chacun.

Nous avons aussi la promenade des fontaines, ce qui est une façon encore plus charmante de s'abandonner à l'improvisation du moment. La fontaine principale s'appelle d'un assez vilain mot, *le Pouhon.* Comme toutes les fontaines célèbres, elle guérit de tous les maux ; elle n'a pas d'autre propriété que celle-là, mais elle l'a bien. La fontaine du Pouhon est dédiée au czar Pierre-le-Grand, qui vint se reposer un instant, en ce lieu sauvage, d'avoir créé ce monde barbare dont la France à la fin du XVIIe siècle savait à peine l'existence, et qui pèse à cette heure d'un poids si lourd sur les destinées de l'Europe. Si vous montez dans la montagne, à travers les plus jolis sentiers qui bordent ces torrenus jaseurs, vous rencontrez une autre source non moins célèbre que le Pouhon, *la Sauvenière*, une eau limpide et fraîche, à laquelle sont attachés de grands privilèges. Ce n'est pas seulement la santé qui habite ce palais de cristal, c'est la jeunesse, *la belle déesse de la jeunesse*. Baissez-vous, puisez dans votre main blanche quelques gouttes de cette eau précieuse ; à peine vos lèvres rafraîchies auront touché à ce breuvage que des fées bienveillantes, en toute hâte regardez-vous dans l'onde apaisée, et soudain vous reconnaîtrez votre vingtième année envolée, qui vous sourit à vous-même ! . Et les montagnes et les vallées sont semées d'heureuses histoires, et chaque sentier devient le théâtre d'un petit drame. Et si vous osez, madame qui me lisez, placer votre pied dans l'empreinte que voici, vois verrez avant un an la bonne nouvelle ! Ces aimables enfantillages, quand ils s'embellissent de la fatigue, du bruit et des tortures d'une révolution, doublent, à mon sens de charme et de grâce. Telle légende vous a trouvé à peine attentif autrefois, qui vous charme et vous captive après tant de bruit et de clameurs - Comment donc ! vous dites-vous à vous-même, me voilà sous ce beau ciel, dans ce silence heureux, au milieu des cris de joie et des chevauchées légères, assis à l'ombre de ce vieux chêne, sur le bord de cette eau limpide qui murmure doucement à mon oreille charmée sa petite chanson de santé et de plaisir, et à cette heure peut-être nos représentants s'agitent furieux et s'épuisent en mille injures ! Et à cette heure l'abominable politique remplit tant d'âmes éperdues, et le journal s'abandonne à ses fureurs sans cesse renaissantes ! Et moi, à peine échappé de la bagarre, me voilà ici, maître de cette fête sans fin de la création calme, animée par des créatures heureuses. Est-ce possible ? et se peut-il en même temps, à si peu de distance, tant de bien-être et tant de douleurs ?

Il faut dire aussi que, si l'enchantement et la nouveauté du paysage s'agrandissent sous la loi implacable des contrastes, l'homme oisif, c'est-à-dire le héros véritable de ce paradis, a pris cette année une forme toute nouvelle. Ce n'est plus le même Anglais égoïste et taciturne, qui va et qui vient brutalement, au hasard, son *guide* à la main et son chapeau sur la tête : le buveur anglais m'a semblé plus dispos et plus vif que d'habitude ; on voit percer à travers son sang-froid calculé je ne sais quel contentement secret de se savoir si libre et si heureux. Autrefois, l'Anglais en voyage avait l'air de s'écrier à tout bout de champ : — *C'est moi le riche* ! — Aujourd'hui, il est devenu bon compagnon et bon vivant. Il a appris le grand art de ne pas tirer vanité de son bonheur. Il met une sourdine à sa gloire nationale ; on ne l'entend plus célébrer ses conquêtes, parler de son Waterloo et de lord Wellington, et autres forfanteries qui sentaient la rivalité d'une lieue. Hélas ! la France n'a plus de rivale ; personne ne dispute plus au Français en voyage la première place en voiture, la première place à la table d'hôte. S'il parle, on l'écoute ; s'il est silencieux, on le plaint ; on le traite comme un enfant malade, dont les nerfs sont agacés. C'est à qui, nous présents, dissimulera ses titres, sa prospérité et sa fortune. Que de fois, avant notre glorieuse révolution, j'avais rencontré, *dans le cours de mes voyages*, des antagonistes inflexibles, acharnés contre la France ! — Vous autres Français, vous n'êtes pas des penseurs, disait l'Allemand. — Vous êtes tous de pauvres diables ! s'écriait l'Américain. Dix mille Belges viendront toujours à bout de trente mille Français ! S'écriaient les Césars de Bruxelles. Et nous tous, à ces discours insensés, d'entrer en fureur contre ces colporteurs des vanités nationales… Que nous avions tort de nous fâcher ainsi ! Ces vantardises étaient autant de louanges au génie, à la fortune, au courage de la France. En ce moment, toute dispute de prééminence a cessé ; nous sommes les maîtres partout et sans conteste. C'est ainsi, j'imagine, que le Prince Noir, la serviette à la main, voulut servir le roi Jean, son captif, le soir de la journée de *Poitiers*.

Après le bain, — et le bain est une grande fête, la fête romaine, la fête grecque, la joie immense de l'été, quand les pampres en festons recouvraient de leurs voiles jaunissants la fontaine de Tibur, — une grande joie aussi pour nous autres qui faisons des livres, c'est de nous gorger de livres nouveaux. À la fin donc, et moi aussi je vais avoir mes amuseurs, mes Triboulets, ma princesse Schérazade, mes fées et mes génies ! Je vais savoir ce que c'est enfin que d'avoir à soi beaucoup de temps et autour de soi des fictions sans nombre, pendant que les heures légères touchent et peine notre front épanoui. Allons, esclaves, amusez votre maître ! Jetez à ses pieds vos fleurs et vos couronnes ! Offrez-lui humblement vos plus rares et vos plus précieux trésors, et peut-être que, s'il est content de vous et de votre œuvre, il daignera vous sourire ! C'est pourtant là la véritable position d'un homme qui lit un livre ; il est le maître absolu du livre qu'il tient à la main ; les plus grands poètes du monde ne sont, en fin de compte, que ses parasites et ses flatteurs.

Certes, personne plus que moi, et j'étais bien désintéressé dans la question, ne s'est élevé contre la contre-façon de nos livres en Belgique ; de toute ma voix et de toutes mes forces, j'ai réclamé contre ce droit d'épave, le seul qui fût resté dans les lois internationales. La contrefaçon est, en effet, non seulement une injustice, mais une cruauté ; elle dépouille d'honnêtes gens de la plus sainte et de la plus respectable des propriétés de ce bas-monde, elle s'adresse la plupart du temps à des hommes assez pauvres, que la moindre secousse politique met tout de suite au niveau des plus pauvres diables qui soient sous le soleil. C'est une honte, la contrefaçon : elle est restée comme un reproche que doit se faire la révolution de juillet, qui pouvait l'abolir et qui ne l'a pas abolie ; mais ceci dit, il faut convenir que c'est un grand plaisir, quand on se rencontre en pleine contre-façon, de faire un peu comme le chien qui porte au cou le dîner de son maître. On prend sa part de cette dépouille. À peine à Spa, on achète pour rien les plus beaux livres de l'imagination contemporaine, et, les poches pleines de ce fruit défendu, on s'en va se cacher dans quelque trou de muraille comme un enfant pillard qui a dévasté le verger du voisin. Que de livres ! En voici plein mon chapeau et plein mes poches ; on les répand autour de soi avec le ravissement du joueur qui a gagné beaucoup d'or et qui le compte en cachette. Que de livres ! mais par où commencer, et par qui ? Alors on se rappelle confusément les hommages, les blâmes, les citations, les bruits qui ont accompagné l'œuvre de l'année dernière, et on veut savoir si les riches lecteurs français ont dit juste. Prends garde à toi, romancier mon ami, car, si tu bronches, je jette au vent ta fiction inutile, et j'en prends une autre au même prix ; prends garde à toi, je suis le sultan dans son sérail, je suis l'ivrogne dans sa cave remplie ; j'use et j'abuse, et je ne crains pas que la terre manque sous mes pieds. Ne dit-on pas que telle librairie existe à Bruxelles, qui pourrait fournir dix mille tombereaux de nos livres contrefaits ? Intelligente nation cependant, cette nation française dont l'esprit inépuisable faisait la matière de tant de beaux livres ! Allez ! quand ce siècle se sera couché dans sa tombe, s'il obtient les honneurs d'un tombeau, et que le siècle suivant, sauvé à notre dam et préjudice de ces devanciers, nos neveux, même en les supposant aussi ingrats que nous l'avons été pour nos pères, resteront étonnés et confondus de l'ardeur, du talent, de la prodigalité incroyable de nos poètes, de nos romanciers, de nos artistes, malheureux forçats des belles lettres et des beaux-arts.

C'est dans un de ces livres voués à toutes les contrefaçons et à tous les orages, que j'ai lu enfin, — à tout seigneur tout honneur ! — les premiers volumes des *Mémoires* de M. de Chateaubriand. Je ne veux pas marcher plus vite que la critique, lorsqu'il s'agit d'un monument de cette importance et de cette grandeur ; mais il m'est impossible de ne pas dire avec quel ravissement je les ai lues, ces pages immortelles qui n'ont pas été assez puissantes (qui l'eût jamais pensé ?) pour dominer les émotions de la triste politique que nous faisons tous les jours. C'est très vrai, la voix de M. de Chateaubriand a été étouffée par la tempête ; cette fois, l'océan a parlé plus haut que le dieu ; mais sur la montagne où se lève le soleil matinal, en présence de ce paysage qui s'étend à mes pieds, soudain le livre du poète a repris tous ses droits. En effet, c'est tout un poème, cette biographie, et jamais peut-être M. de Chateaubriand ne s'était montré un plus grand artiste. L'âme, l'esprit, l'ironie et la bonté, l'indignation et le courage, tout est là ; on y trouve même un peu d'amour personnel, et plus d'une vision qui passe souriante, l'épaule nue et les cheveux flottants. Ah ! s'il avait pu se douter, ce grand écrivain, que ce dernier reflet de son âme servirait si tôt de jouet frivole aux lecteurs affairés qui jettent à peine en passant un regard dédaigneux au rez-de-chaussée d'un journal, s'il avait pu se douter jamais que ces phases diverses de sa vie et de son génie iraient se perdre dans l'abîme de l'oubli de chaque jour, quelle eût été son épouvante et sa douleur ! L'horrible métier pour un mort et pour un mort de cette taille, de raconter à des âmes indifférentes ses peines, ses passions, ses douleurs, ses triomphes, au même lieu, à la même place où se déroule incessamment l'histoire futile et passagère des comédiens et des comédiennes de chaque semaine ! Le *Génie du Christianisme*, ô ciel ! qui se raconte ici même, entre un drame de la Porte-Saint-Martin et une comédie de la Gaieté ! heureusement que le journal passe et que le livre reste ; le livre aura bientôt rendu à l'œuvre immortelle la place méritée dans nos louanges et dans nos respects.

Pour ma part, j'ai l'âme remplie encore de cette prose abondante comme l'eau d'un grand fleuve ; mon regard reste ébloui de ces tableaux tracés avec tant d'art, qu'il faut y regarder à deux fois pour comprendre que vous avez sous les yeux l'œuvre d'un très grand peintre ; mon cœur est encore agité des passions de ce jeune homme, des colères de ce géant, lorsque, prenant à partie les scélératesses et les crimes de la terreur, il traîne les coupables dans les justes châtiments de sa parole. — « Ami, dans les loisirs du mois de juin, je viens de relire les livres d'un grand poète qui vivait il y a cinq cents années, et j'ai rencontré dans ces pages immortelles des leçons de la plus haute et de la plus humaine sagesse. Avec quelle grâce et quelle puissance mon poète nous démontre les dangers et la laideur du vice, la grâce et les mérites de la vertu ! Faites comme moi, relisez tous les ans ces chapitres où respire l'immortalité et le génie. Où trouverez-vous, je vous prie, un plus fidèle tableau des folles passions qui excitent les peuples et les rois ? » Vous reconnaissez ce passage : c'est la traduction d'une épître d'Horace à Lollius ; Horace venait de relire les poèmes d'Homère. Eh bien ! la même louange dans la postérité atteindra, je l'espère, les *Mémoires* de M. de Chateaubriand. Non ce n'est pas *l'Iliade*, non ce n'est pas *l'Odyssée* ; mais c'est le même drame, ce sont les mêmes éléments mis en œuvre. Cette fois encore il s'agit de la lutte ardente de la civilisation et de la barbarie, de l'aveuglement des rois et des emportements populaires. M. de Chateaubriand les traite avec le même dédain et les mêmes colères que le divin Homère, ces factieux, ces impatiens, ces violateurs de l'hospitalité sacrée, ces Thersites ! Qui que vous soyez, hommes et nations, apprenez par ces exemples à vous défendre, à vous protéger vous-mêmes. Honte à l'imprudent pu s'endort dans le péril en disant : Nous verrons demain ! Malheur à qui se dit : Je suis esclave aujourd'hui, demain je briserai mes fers ! Je suis malade, je me guérirai demain ! — Insensé, tu veux être sage et libre, commence donc à l'instant même ; tu veux sauver la patrie attaquée, sauve-la, sinon tu vas ressembler à ce villageois qui attend que le fleuve s'écoule afin de le passer à pied sec.

Vous voyez que la contrefaçon même, la contrefaçon, notre cauchemars peut avoir ses bons moments, et qu'avec un peu de bonne volonté, il ne serait pas difficile de plaider cette cause perdue. En voici bien d'une autre cependant : la Belgique est sur le point de renoncer à la contrefaçon ! Oui, la Belgique s'est morigénée elle-même ; elle s'est dit qu'après tout il n'était pas convenable de dépouiller si cruellement les écrivains d'un peuple voisin, que le profit était moins grand que le crime, qu'à la rigueur, s'il lui fallait des romans, des histoires, des drames, des poèmes pour sa consommation, elle pourrait bien les faire elle-même, comme elle fait ses draps et ses rails ; bref, mille raisons pour ne plus toucher à nos livres. En ce moment, la loi se prépare ; elle est faite, et, quand les chambres belges auront le temps, quand messieurs les sénateurs seront revenus de la campagne, quand messieurs les représentants auront fait leurs foins (gens heureux, ces représentants !), on verra à abolir la contrefaçon. « De tout ceci, vous pouvez en être sûr, me disait un jeune Belge qui sait très bien tenir une plume pour son propre compte, je fais partie de la commission qui sollicite cette loi de justice. — Et d'amour ? lui dis-je. – Et d'amour, » reprit-il.

Resté seul (la conversation avait lieu dans cette longue avenue du *Marteau*, où se promènent dans leurs voitures armoriées, entraînées souvent par quatre chevaux, les plus belles dames que le canon de Rastadt ait mises en fuite), j'éprouvai à cette nouvelle de la contrefaçon abolie un de ces malaises qu'on ne pouvait définir. Certes, c'est là une bonne nouvelle pour la littérature agonisante de ce pays ; mais cette bonne nouvelle a son mauvais côté. — Comment ! me disais-je à moi-même, la littérature française en est venue à ce point, que la Belgique renonce de gaieté de cœur à contrefaire nos livres ? « Mon ami, disait Henri IV au duc de Sully, ta religion est bien malade, ses médecins l'abandonnent. » O mes amis ! mes amis les écrivains, les romanciers et les poètes, notre littérature est bien malade, voici que la Belgique y renonce ! Elle renonce à notre esprit, à notre science, à notre art, grand et petit ; elle n'en veut plus, elle nous le rend, elle nous en fait cadeau. C'est un fait, nous ne valons plus la peine d'être contrefaits.

Ne croyez pas que je plaisante, il y a bien du sérieux dans ce que je vous dis là. Certes, la contrefaçon abolie enfin, ce sera toujours autant de gagné sur l'avenir ; mais la littérature présente n'y gagnera pas grand' chose, et les œuvres passées resteront engagées à ce domaine public qui est à nos portes. Cette fois encore, la Belgique généreuse ne se ruine pas en générosité. Vous renoncez à nos livres, hommes désintéressés, au moment où nous ne faisons plus que des affiches électorales et des brochures politiques, la brochure, le plus niais et le plus inutile produit du papier imprimé ! Vous renoncez à nos drames, quand c'est à peine si nous faisons des tragédies ! Oh ! la belle avance que vous faites aux lettres françaises, messieurs les Belges ! A la bonne heure il a vingt ans ! Si, il y a vingt ans, la contrefaçon eût été abolie à Bruxelles à l'heure où l'esprit et l'imagination de la France étaient en pleine floraison, à l'heure où l'Europe charmée s'abandonnait au charme inespéré de tant de livres merveilleux écrits en pleine verve, en pleine nouveauté, en pleine jeunesse, alors en effet la loi projetée eût été la bienvenue.

Ainsi se passent dans cette ville champêtre les heures du jour, à lire, à rêver, à se souvenir, à oublier, à prêter l'oreille du côté de la France pour savoir si quelque grand bruit ne va pas troubler votre sommeil. La nuit venue, et voilà la difficulté de la vie des eaux, il faudrait à toute force rester chez soi, si chaque soir le jeu, magnifique comme les joueurs qui ont tout gagné ou qui n'ont plus rien à perdre, n'appelait pas les étrangers à une fête nouvelle. Tantôt un de ces grands chanteurs vagabonds, une de ces grandes cantatrices dépaysées, tantôt l'opéra-comique et le vaudeville abrités dans une salle charmante, ou bien le bal en petit costume quand ce n'est pas le bal en grande toilette ! Chaque soir s'illuminent du haut en bas les vastes salons de la Redoute, et, puisque le nuage tombe du sommet de ces montagnes en nuée fine et pénétrante, allons à la Redoute. C'est déjà, savez-vous, une rare surprise en ce moment de rencontrer sur le bord de ces précipices, au milieu de ces forêts, au penchant de ces torrents, ce palais, ces lumières, ces voûtes chargées de peintures, et sous ces voûtes mêlé au parfum des orangers, aux valses ardentes de l'orchestre et au frôlement des danseuses, le son de l'or jeté à pleines mains, par des mains calmes habituée au va-et-vient continuel de la Fortune aveugle touchant d'un pied léger la roue qui tourne toujours. Ne craignez rien ; encore une fois, je ne veux pas faire de la morale à propos d'une roulette En vain le lieu, le moment, la mode même, et cette teinte d'austérité républicaine qui a remplacé le cumin des philosophes de Juvénal, tout me pousse et m'engage à tenter une belle déclamation contre le jeu et ses fureurs ; je méprise et je hais la déclamation inutile. Et puis, de quel droit nous mêler à ces chœurs de moralité ? Le crime des joueurs n'est plus un crime à notre portée. Le jeu est un drame dans lequel peu de gens venus de France peuvent jouer un rôle aujourd'hui. C'est le mot de l'Hécube antique : *Plût à Dieu que je craignisse* ! Et nous aussi nous n'avons rien à craindre, de ce côté du moins. Cet or amoncelé sous le rateau est à l'abri de nos plaintes et de nos terreurs ; il est venu là de tous les coins de l'Europe, excepté du côté de la France. Les plus gros joueurs représentent à ce tapis vert la Pologne exilée et captive, la Russie appesantie sous son joug de fer, l'Angleterre des aristocrates, l'Italie des cardinaux, princes de l'église, l'Espagne abâtardie à l'ombre du trône. Il n'y a plus de jeu pour nous. À peine si de temps à autre quelque ancien riche de Paris ose jeter sur cette arène dédaigneuse un petit écu rougissant de honte et de misère à côté de ces monceaux venus en droite ligne des monts Ourals.

Alors, ne pouvant pas jouer, on cause. La conversation commencée au bord des fontaines se noue au milieu du bal. On voit passer et repasser dans le tourbillon enivrant de la valse allemande tant de jeunes filles heureuses sous le regard bienveillant de leur mère, car c'est une des vieilles habitudes de ces réunions : on n'y reçoit que les honnêtes femmes. Plus d'un miracle de beauté fraîchement débarqué de Paris ou de Londres, toute chargée des modes les plus nouvelles, se voit poliment refuser ces portes hospitalières. Vous êtes élégante et jolie, vos yeux sont les plus brillants du monde et vous dansez comme dansait Mlle Taglioni, c'est très bien fait ; mais vous n'entrerez pas dans ce salon, portez plus loin vos feux et vos flammes. Ce n'est pas nous qui vous renvoyons à vos conquêtes, ce sont nos usages un peu champêtres, c'est la loi qui a été faite par le dernier cardinal-évêque de Liège, le même évêque pourtant qui a fait placer dans ce bal les statues de Vénus et des Grâces, de Psyché et de l'Amour ; le même évêque, mademoiselle ! — Et la dame, après avoir fait la moue à cette loi quelque peu bégueule, s'en va en maudissant ce village de mauvais augure. Naguère encore la coquette eût été prendre sa revanche à Bade, à Aix-la-Chapelle, aux bains de Lucques ; mais où ira-t-elle en ce moment ? – Grande question ! moi qui vous parle, j'ai vu, il y a des années, la brillante, la déjà fameuse et pétulante Lolla-Montès, encore toute froissée de ses chutes à la Porte-Saint-Martin, forcée de quitter Spa, faute d'un passeport. En vain elle criait, en vain elle montrait ses dents aiguës, en vain elle menaçait le commissaire de police de sa cravache innocente ; il fallut plier bagage et s'en aller sans voir le bal, oui, elle-même, Lolla-Montès, *première danseuse de l'Académie royale de Musique et de la Porle-Saint-Martin* ! disait sa carte, déjà armoriée des armoiries boiteuses à l'usage de ces dames. De dépit, la dame s'en fut en Bavière, où elle rencontra ce bonhomme de roi qui devait ressusciter pour cette foraine les dépenses folles, les privilèges et les scandales de Mme Du Barry. Pauvres hommes politiques du monde moderne ! ils suent l'eau et le sang pour maintenir sur leur trône croulant quelques-uns de ces rois restés debout ; tout d'un coup arrive une danseuse sifflée qui défait d'un clin d'œil les machines les mieux construites. La Bavière, encore cette heure, se lamente de ce long carnaval de la royauté ; en vain a-t-on fait courir le bruit, il y a huit jours, du mariage de la comtesse de Landsfeld avec un jeune homme a peine échappé à sa première majorité : ce mariage, tout invraisemblable qu'il était, n'était pas vrai. Lolla-Montès fait mieux que cela en ce moment : elle menace d'envahir Spa et les domaines d'alentour. O misère ! L'honnête cité va tomber sous la cravache-éventail de la danseuse outragée ! La ville est perdue, à moins que le dernier évêque de Liège ne sorte de sa tombe pour se jeter aux pieds de la comtesse de Landsfeld !

Je puis vous dire, par grand hasard, comment est tombé de son siège épiscopal et guerrier le dernier de ces évêques-princes de Liège, qui ont joué un si grand rôle dans le roman et dans l'histoire. En cherchant de vieux livres dans les vieilles boutiques, — car enfin je pouvais rencontrer sur les chemins quelque vénérable volume de François Foppens de Bruxelles, les *Mémoires de la reyne Marguerite* par exemple, ou les *Essais* de Montaigne, ornés de la tête de buffle, de la sirène et des palmes brisées, — j'ai rencontré, non pas un François Foppens de Bruxelles, mais tout simplement l'histoire de la *révolution opérée à Liège* le 19 août 1789, laquelle histoire se compose tout bonnement de quatre pages d'impression. Il paraît que dans ce temps-là le féroce *Trautmansdorf* vivait encore, puisque notre historien *l'assignait au réverbère* pour *l'année prochaine* ! Ce Trautmansdorf, qui était un des hommes d'état les plus redoutés de l'Allemagne, ne put pas empêcher la révolte de la ville de Liège, et l'histoire de cette révolution fut écrite par un religieux de Sainte-Geneviève dans une lettre à un de ses amis. On chercherait dans toute la Belgique un exemplaire de ce morceau curieux, on ne le trouverait certainement pas, eût-on la patience de notre bibliothécaire belge, feu M. Van-Praët. – « Je te fais part, cher ami, dit le bon religieux de Sainte-Geneviève, d'une révolution arrivée avant-hier à Liège, à peu près semblable à la révolution française (*à peu près* me semble assez joli). Les *patriotes liégeois* ont chassé leurs bourguemestres, régents et tous les autres officiers de la magistrature. Ils ont fait ouvrir *toutes* les prisons. Ils ont été chercher le prince-évêque à son château, ils l'ont conduit à l'hôtel-de-ville, et ils l'ont contraint d'admettre la nouvelle magistrature. *Ensuite de quoi* l'évêque a donné, du haut du balcon, sa bénédiction, qui a été reçue avec des cris d'allégresse et au son des fanfares. Tout s'est passé *fort gaiement*. Adieu, brave ami. » Voilà tout. Ne trouvez-vous pas que ce soit là un curieux morceau historique et un joli *à peu près* de l'*Histoire de la Révolution* de M. Thiers ?

Peu s'en est fallu cependant que la révolution de février ne fût suivie du même *à peu près* dans toute la Belgique, et véritablement nous aurions eu le tome deuxième de l'histoire de Liège par le génovéfain en question, si la Belgique n'avait pas compris avec une merveilleuse intelligence les dangers de sa position et la honte mêlée de ridicule dont elle se fût couverte, si elle eût reculé devant les héros de *Risquons-Tout*. Au contraire, comme elle voyait tous les rois voisins chanceler ou tomber, la Belgique s'est attachée soudain à son roi avec une véhémence qui tient du fanatisme Elle le salue quand il passe avec des transports incroyables. Elle crie à son tour : *Vive le roi* ! avec le sentiment de piété filiale que nous inspirait, il y a cent ans, la présence de nos vieux rois français. La Belgique en ce moment a soif de voir son roi et sa reine ; plus la royauté est insultée au loin, plus elle est écrasée et chargée d'outrages, et plus la Belgique l'entoure d'hommages et de respects. Chaque jour, le roi et la reine sont invités dans quelqu'une de leurs bonnes villes, et, pour les mieux recevoir, c'est à qui rivalisera de magnificence, d'imagination, d'éclat royal. Quand je suis arrivé en Belgique, les fêtes de Liège venaient à peine de finir ; elles avaient duré quinze jours. Les fêtes commençaient à Malines ; elles ont duré huit jours. La ville de Gand annonce aujourd'hui une suite de processions, de triomphes et de concerts qui dureront tout un mois. Tout un mois, est-ce possible ? — C'est impossible, mais c'est vrai ; mais j'ai vu, de mes yeux vu, les transports de cette nation occupée à glorifier tous ses grands hommes des temps passés, les rois, les reines, les empereurs, les princes de l'église, les maîtres de la science, les peintres, les sculpteurs, les poètes, tout le moyen-âge héroïque ; savant, guerrier, religieux, qui se promène en grand appareil dans ces villes au bruit des cloches, des canons, des trompettes pacifiques, entre deux haies vives de spectateurs qui battent des mains, qui pleurent de joie à voir ressusciter ainsi les pères de leurs pères et les aïeux de leurs aïeux. Tant qu'il peut remonter ces vieux âges que nous foulons aux pieds, nous autres, le double peuple de la Belgique les remonte en effet en chantant les anciens cantiques et les anciens poèmes de la langue d'autre fois Voilà ce qui peut s'appeler un miracle, un vrai miracle de l'ordre, de la paix, du travail, des bons instincts d'une nation fière d'obéir à sa reconnaissance pour le passé, à ses espérances pour l'avenir. Ces fêtes de la ville de Malines, auxquelles les magistratures, les gloires et les arts du peuple belge étaient conviés, ont laissé dans l'esprit des témoins oculaires de cet enthousiasme national un profond sentiment entraînements de tant de voisinages redoutables, un profond sentiment de tristesse pour nous-mêmes, pour nous Français, qui, sur l'ordre des hommes les plus ignorants et les plus absurdes qui aient jamais affligé et régenté une grande nation, avons rayé soudain de nos monuments et de nos établissements publics le nom de nos grands rois, même le nom de nos vieux poètes. Quoi de plus vrai ? N'avons-nous pas arraché de son piédestal la statue du duc d'Orléans à peine mort ? Que dis-je ? Dijon n'a pas osé inaugurer la statue du *jésuite* saint Bernard ; Chinon a effacé de l'un de ses quais le nom du *jésuite* Rabelais, pendant que Bruxelles élevait une statue à Godefroy de Bouillon et bâtissait autour d'une église toute neuve une longue suite de palais dans le quartier Léopold.

C'est bien vite passé, quinze jours de cet heureux spectacle, quinze jours de ce grand silence, où c'est à peine si on lit de temps à antre les nouvelles du volcan, où personne ne vous parle des lamentables journées, — le 17 mars, le 16 avril, le 15 mai, le 13 juin, sans compter le mois de juin de l'an passé ; mais enfin il faut prendre congé, bon gré mal gré, de ce nouveau monde éclairé par ce limpide soleil. Adieu donc et pour longtemps, plaisirs de l'ordre, charmes du repos, honnêtes et faciles loisirs !

Quelques heures avant mon départ, je vis arriver à Spa quelques amis de Mme la duchesse d'Orléans, nobles âmes restées fidèles à cette auguste infortune. Les amis de Mme la duchesse d'Orléans étaient encore tout émus de l'avoir revue enfin, comme elle s'embarquait pour l'Angleterre : — noble femme, si modeste et si cachée quand elle était au comble des prospérités humaines, si courageuse et si résignée au fond de cet abîme dans lequel elle est tombée avec tout l'honneur qui entourait sa personne. Cruels enseignements et contrastes incroyables ! pendant que les Flandres reconnaissantes dressaient des autels à leur Princesse Marguerite, une des intelligences du XVIe siècle, notre princesse exilée s'en allait rejoindre incognito un roi sans trône, une reine sans couronne. Mme la duchesse d'Orléans s'est avancée sur le rivage, tenant ses deux fils par la main, et chacun saluait son passage. Elle a pris congé de ses amis avec autant de grâce que lorsqu'elle montait pour la première fois cet escalier de Fontainebleau qui avait servi à l'empereur pour descendre de son trône, et d'une grâce aussi calme qu'au milieu même de l'horrible émeute qui l'a chassée du sein de cette chambre violentée. « La France peut nous fouler à ses pieds, écrivait Mme la duchesse d'Orléans dans une lettre que j'ai lue, nous l'aimerons toujours. » C'étaient là les récits les plus chers de nos matinées. Il faut être réunis hors de la France, hors de Paris, quelques jours après une nouvelle émeute qui pouvait tout briser, pour comprendre l'intérêt tout-puissant de ces histoires, toujours les mêmes cependant : Dieu qui se fâche, les hommes qui blasphèment, et dans la tempête étonnée quelque sereine et haute vertu que rien n'étonne !

Les hommes de cette génération, qui étaient des jeunes gens en 1830, ont été les témoins de tant d'événements imprévus, ils savent si bien à quels fils fragiles sont attachées les plus grandes fortunes, qu'il est presque impossible que l'un de nous, rentrant à Paris après une absence de quelques jours, ne sente pas son cœur se resserrer d'une crainte indicible, quand il revoit de loin le grand Vésuve.- Qu'a-t-on fait ce matin même ? — Quels sont les maîtres d'hier – Sous quelle loi fatale vais-je vivre ou mourir ? — Voilà la question que s'adresse inévitablement tout homme qui s'est éloigné, ne fût-ce que d'une centaine de lieues, de cette immense place publique, si périlleuse pour ceux qui y jouent un rôle, si peu sûre parfois, si triste toujours pour les simples spectateurs.

À Dieu ne plaise cependant que je préfère jamais l'exil à ces tumultes, l'exil à ces dangers ! Je me rappelle avoir rencontré, dans mon enfance, quelques émigrés qui s'en revenaient à la suite du roi légitime ; à peine si on daignait leur rendre leur salut ; ils n'avaient plus le visage, le costume, les idées, les passions de la patrie absente ; leur nom même, ils ne l'écrivaient pas avec l'orthographe nouvelle. — Les enfants, race sans pitié, les montraient du doigt ; les hommes vieillis dans l'exil étaient si laids, les femmes étaient si vieilles ! L'oisiveté et la longue suite d'espérances déçues avaient remplacé sur ces visages flétris les rides respectables du travail, de l'ambition, de la pensée et des violentes douleurs. Pauvres gens ! en ce temps-là nous les regardions comme autant de phénomènes ; il ne nous, est que trop facile maintenant de comprendre ce qu'ils ont dû souffrir. « J'aime mieux être enterrée à Saint-Sulpice que de vivre en province, disait une vieille duchesse. » Quant à moi, certes, la prison m'est une peine terrible, et pourtant j'aimerais mieux être enterré vingt ans à la Conciergerie de Paris que de traîner mes jours inutiles et suspects loin de la France. Eh quoi ! assister de loin à ces combats, à ces misères, ne savoir que trois jours après la ville de Paris les événements de la journée, laisser son nom dans la bagarre immense et ne plus entendre parler de soi-même, et dans tout ce bruit qui se fait dans le monde n'être plus rien, ni un homme mort ni un homme vivant, se sentir désormais impossible même quand la fortune aura changé, impossible demain, justement parce qu'on était impossible hier - voilà l'exil, que ne comprendra jamais une âme bien faite, exil sans gloire ! — Au contraire, le poète qui ne peut se passer de silence, l'homme ami de l'étude et des livres, s'il quitte pour un instant le Paris des révolutions et de l'émeute, s'en va du moins avec toutes ses forces ; il s'absente, il ne s'enfuit pas ; il quitte la ville avec la certitude du retour. À peine arrivé dans l'asile qu'il a choisi, notre savant, notre poète se met à l'œuvre ; son premier soin, c'est de se rappeler par ses travaux à la patrie absente ; c'est de payer par ses leçons et par ses exemples l'hospitalité qui lui est offerte. S'il parle, on l'écoute ; s'il écrit, on le lit ; s'il raconte à la Suisse protestante et catholique les combats et les triomphes de Port-Royal s'il raconte à la Belgique charmée les travaux poétiques et les gloires littéraires de la France impériale, la France a sa part dans ces leçons dont elle est je sujet toujours. On peut partir ainsi, quand on emporte avec soi tous ses livres, tous ses dieux !

Le jour où je quittai Bruxelles pour rentrer à Paris, un mouvement inaccoutumé se fit sentir à l'*Hôtel de Suède*. On allait, on venait ; on déchiffrait des passeports. C'étaient quelques-uns des nouveaux compromis dans la conspiration du 13 juin, qui venaient de franchir heureusement la frontière de France. Un de ces hommes était mon ami. Les uns et les autres, ils comprenaient déjà les misères toujours croissantes de l'exil. Quoi donc ! en si peu de temps tomber de si haut ! O misère ! ces rois d'une époque troublée, ils ont disparu plus vite encore que les rois légitimes ! Les voilà donc, après avoir fait tant de bruit et semé tant d'inquiétudes, après s'être assis, maîtres absolus, sur les hauts sièges, qui en sont réduits à pâlir devant un gendarme, réduits à ne plus savoir l'heure du retour, et comment ils rentreront dans cette société dont ils sont l'épouvante, à quelles conditions et sous quels pardons !

C'est une triste rencontre, la fuite et l'exil ! et pourquoi ne pas tenir compte des batailles rangées où tant de gens que l'on aimait sont tombés à la fleur de l'âge, à l'apogée du talent, sans que l'on puisse savoir si quelque main pieuse leur a rendu les honneurs funèbres ? Cet homme était coupable, je le sais, bien coupable : il s'est battu contre la France, une balle française l'a frappé, c'est justice ; mais cependant laissez-nous déplorer l'influence funeste de ces révolutions qui corrompent les meilleures natures, qui pervertissent les âmes les plus loyales. — Voilà pourtant ce que c'est que de toucher à la France ; j'étais tout à l'heure le plus heureux du monde dans la vallée de Spa et voici déjà que ma tristesse me reprend, pour avoir rencontré des exilés et des morts à mon retour.

ISBN : 978-1726490436

www.ingramcontent.com/pod-product-compliance
Lightning Source LLC
Chambersburg PA
CBHW061549250726
48657CB00006B/2389